Jan Martensen

ELKE WINTER

Alleine das jetzt!

• • •

Jan Martensen

ELKE WINTER

Alleine das jetzt!

· · ·

Bibliografische Information der Deutschen Nationalbibliothek: Die Deutsche Nationalbibliothek verzeichnet diese Publikation in der Deutschen Nationalbibliografie; detaillierte bibliografische Daten sind im Internet über dnb.dnb.de abrufbar.

Titelfoto und Plakat: Schmidt Theater, Hamburg

Fotos: Schmidt Theater, privat, div.

Umschlagsgestaltung: Inga Lübker, Kiel

Grafik: Marleen Franz, Ibo Maidorn

Logo EW und Memes: Jan Martensen

Herstellung und Verlag: BoD – Books on Demand, Norderstedt

ISBN: 978- 3758364105

● ● ●

Für Marcus, Steffen und Johanna.

Grußwort

Travestiekünstler oder neudeutsch Drag Queen? Das trifft auf Elke Winter nur ansatzweise zu. Sie passt nicht in diese Schubladen und das eigentlich von Kindesbeinen an. Sie ist eine Komödiantin mit einem frechen Maulwerk, natürlich in teils abenteuerlichen Fummeln. Ein Kunstmittel, das ihr erlaubt, jede Taste auf dem komischen Klavier zu spielen. Sie ist die „Queen of Comedy"!

Die Geschichten, die sie erzählt, immer wieder unterbrochenen von sehr persönlicher, spontaner Ansprache einiger Auserwählter im Publikum, diese Geschichten kann nur sie erzählen. Kleiner Tipp: Nicht in die erste Reihe setzen! Wenn die allerdings leer ist, nimmt sie sich halt die zweite vor…

Elke ist aber nicht nur ein Vulkan auf der Bühne, sie ist auch - und dieses Buch beweist es - eine wunderbare Geschichtenerzählerin. Und in diesen vielen Geschichten wird auch deutlich, dass Elke nicht nur ein freches Maul hat, sondern auch unglaublich fleißig und diszipliniert ist.

Jetzt ist Elke bei mir im Schmidt-Theater wirklich angekommen. Mit Solo-Shows, die ich jedem und jeder nur wärmstens empfehlen kann.

Herzliche Grüße!

Corny Littmann

Liebe Leserinnen und Leser,

ich danke Ihnen herzlich für den Erwerb dieses Buches, für das ich ziemlich tief in meinen Erinnerungskisten gegraben habe.

Wir sehen uns ganz sicher auf einer der vielen Bühnen dieses Landes, vielleicht ja sogar auf einem Schiff oder (ich bin ja ein richtiges Online-Girl) sogar bei Instagram, Facebook oder Super-Moopy!

Alleine das jetzt! Super-Moopy habe ich gerade erfunden, um zu testen, ob Sie auch über 40 sind.

Sind Sie! Dann kennen Sie es ja: Wir haben die besten Geschichten, weil wir echt viel Zeit hatten, sie zu erleben.

Und bitte!

Ihre Elke Winter

Heckabarett
AIDA Cruises
HEIMAT-Raum für Unterhaltung
Stadttheater Elmshorn
Mein Schiff
Schmidt Theater
Barkassen Meyer
Schiefe Ebene
Reithalle Flögeln
Haxpaxehn Büh
Pulverfass
Carlsburg
Gaypeople-Zelt Schützenfest
zum Tannenhof
BKA-Berlin
Konzert-Theater
Stadthalle Lübbecke
Kleist-Forum
Metropol Theater
Kleinkünstlerbühne Hannover/Hildesheim
Theater in der grünen Zitadelle
Kultur im Zelt
Karneval Mönchengladbach
Albert Einstein Forum
Carte Blanche
TIG
Der Brunnenhof
Fassenacht in Frankfurt am Hain
Paradies Cabaret
Theater Sapperlot
KCC Theater
Hägeschmiede

Mein erstes Mal

Wenn Sie mich schon kennen, wissen Sie: Ich bin hart im Nehmen und nie wehleidig! Von daher wird es Sie überraschen, aber: Gleich die erste Geschichte ist richtig jammerig und trieft vor Selbstmitleid (aber dieses Buch ist bereits bezahlt, was soll mir da schon passieren, hihi).

Also! Es geht um einen Auftritt beim Neujahrsempfang in einem Tennisverein im Großraum Hannover, es war mein allererster Tag meiner Selbständigkeit, es war das Jahr 1993. Nicht vergessen, 1993 bedeutete: Quasi niemand hatte Handys, Haddaway und Ace of Base hatten krasse Charterfolge, Freddie Mercury war erst 2 Jahre tot und der Ministerpräsident von Niedersachsen hieß Gerhard Schröder.

Am Vorabend hatte ich (wir waren jung!) ordentlich gefeiert, der Kopf war beim Auftritt also noch dicker als der Hals, aber die Stimmung der Leute war super. Und meine auch! Ich war sehr stolz auf meine Selbständigkeit und ziemlich aufgeregt wegen meines ersten Mals als Solokünstler. Es lief ziemlich gut und ich war voll in Fahrt. Obwohl ich recht gut trainiert war, bin ich leider aufgrund einer von mir falsch berechneten „Bewegungsradiusänderung in Relation zur Höhe meiner neuen, sehr hohen Show-Schuhe" bei meinem Abschiedssong unfreiwillig in den Spagat gegangen. Bitte lesen Sie diesen Satz nochmals: Ich bin unfreiwillig in den Spagat gegangen. Oha! Und zwar derart unfreiwillig, dass ich es ohrenbetäubend laut krachen hörte und durch den sofort einsetzenden Schmerz wusste: Entweder hat mir gerade jemand den Oberschenkel mit einem stumpfen Fahrtenmesser aufgeschnitten und dabei eine Schreckschusspistole abgefeuert oder es ist ein widerlicher Muskelfaserriss. Alleine das jetzt!

Die Zuschauer riefen trotzdem Zugabe und ich spielte genau die dann auch stolz zu Ende. Im Backstage (also neben der Kalten Küche im Getränkelager) dann: nur noch Schmerzen aus der Hölle!

War das hier nicht ein Tennisverein? Es war doch wohl mindestens ein Arzt anwesend! Und tatsächlich, es gab mehrere. Einer hat sich dann besonders rührend um mich gekümmert, aber leider hauptsächlich Tipps gegeben wie: eine Nacht warten! Kühlen! Nicht bewegen!

Am nächsten Morgen waren die Schmerzen aber noch viel schlimmer, so dass es nicht auszuhalten war. Im Krankenhaus dann die befürchtete Diagnose: Muskelfaserriss, das dauert…

Also, Bein hoch und in die Schlinge, ruhiggestelltes Rumliegen in einem 3er-Zimmer. Ich war mit zwei sehr speziellen Typen im Zimmer, sagen wir mal „langhaarige Heavymetalfans" mit Band-Shirts, dessen Namen ich erstens noch nie gehört hatte und die ich zweitens auch beim besten Willen nicht aussprechen konnte. Aber irgendwie auch ganz putzig. Der eine hatte ständig einen Flachmann am Hals und füllte heimlich aus diversen Verstecken nach, der andere war überzeugt: „Na, Junge, hast Du Dich beim Fußball verletzt?" und hörte mir auch nicht zu, wenn ich etwas anderes erzählen wollte. Ich muss zugeben, dass ich die Vorstellung sehr, sehr lustig fand, als Profifußballer wahrgenommen zu werden – und so widersprach ich dann irgendwann auch nicht mehr.

Natürlich kamen auch meine Freunde zu Besuch, unter anderem auch mein italienischer Lieblingskumpel Luciano (Spitzen-Sex-Gag war immer: „Guck mal den! Den Luciano!")…

Luciano war in unserem Freundeskreis für vieles bekannt, nicht aber für Dezenz und Zurückhaltung. *Es war also wenig überraschend, dass der Diskretionsminister zum Opening seines Besuchs liebevoll herauspolterte:

„Na, Du alte Tunte, konntest Du wieder nicht laufen auf den Stöckelschuhen?!"

Ich sagte: „Ja, bin kurz vorm Tor hängen geblieben!"

Und so begann meine berufliche Karriere, wie ich sie mir auch am Ende wünschen werde: intensiv, überraschend, umgeben von Freunden, mit Flachmann, Knalleffekt und Zugabe. Herrlich!

Heideblüten

Viele Zuschauerinnen und Zuschauer haben Mitleid, wenn jemand etwas aus dem Publikum auf die Bühne ruft. Und ja, ich finde auch, dass es manchmal wirklich unangebracht ist, die Show zu stören – aber ab und zu passt es dann doch einfach wie die Faust aufs Auge. Anfahrt zum Auftritt nach Hambüren, das an der Grenze zur Lüneburger Heide liegt, ganz in der Nähe von zum Beispiel Celle, Winsen und Hannover. Es ist ein verschneiter Wintertag, auf dem Weg zum Auftrittsort fahre ich circa 9 Kilometer durch eine wirklich hübsche Waldlandschaft. Stellen Sie sich also diese romantische Grundstimmung vor, richtig vorweihnachtlich und durch und durch zauberhaft.

Trotzdem bin ich etwas irritiert, weil in diversen Waldweg-Einfahrten verschiedene Campingwagen und sogar Wohnmobile stehen, ganz offensichtlich bewohnt, es brennt Licht, oft auch rötliches.

Ah ja, denke ich, ist ja interessant. Meine Pension heißt „Zur Heideblüte", ich beziehe die Penthousesuite mit Badewanne à la „Pretty Woman", über und über dekoriert mit weißen Heideblüten.

Ich fühle mich wohl und freue mich auf den Auftritt am Abend.

Später dann auf der Bühne habe ich natürlich auch über die Anreise gesprochen – ich sage „…sehr merkwürdig, wer bitte macht Camping um diese Jahreszeit? Und dann auch mit so viel Abstand zu Häusern und den anderen Campern?" – es gibt einen kleinen Lacher, immerhin. „Also, warum stehen in den Wäldchen so viele Wohnwagen mit Rotlicht, versteh ich nicht!" – dann war der Lacher schon sehr groß, weil jetzt wirklich allen klar war, dass in diesen Dingern natürlich horizontales Gewerbe betrieben wurde.

Ich stellte mich doof und fragte, warum nun alle lachen würden. In der ersten Reihe bäumt sich eine circa 80 Jahre alte Dame förmlich auf und ruft laut, während sie mit ihrem Gehstock auf dem Linoleum des Landgasthofes eindrischt: „Da sitzen Mädchen drin, die ihre Heideblütenkörbchen feilbieten!"

Noch größerer Lacher, ich wiederhole es für alle und muss selbst sehr lachen, die Dame freut sich sehr, Strike!

Blitzschnell überkommt mich dennoch vermeintliche Traurigkeit, denn „für mich wäre das ja nichts, weil ich meine Heideblüte immer sehr, sehr kurz schneiden lasse." - Boom, der Saal liegt am Boden. Herrlich!

Gott hab' sie selig!

2004 spielte ich zum wiederholten Male mit einer sehr besonderen Kollegin, nennen wir sie Polette, die ein Multitalent war: Sie konnte tanzen, zum Playback singen, Vollplayback singen, hatte Comedytalent und auch sonst ein mächtiges Organ (jetzt muss ich wieder an Fanny Davis und ihren Marco denken) und war sehr sozial. Und, das gehört auch zur Wahrheit dazu, hatte es auch faustdick hintern den Ohren. Sie hat uns alle so oft reingelegt mit Streichen und Gags, dass es einfach mal an der Zeit war, sie so richtig zu verschaukeln.

Man muss wissen, dass sie immer, wenn ein Abend mal nicht so rund lief, hinter der Bühne so richtig ablederte im Sinne von „Sind die Leute heute alle schlecht gelaunt! Was haben die denn falsches gegessen? Die sind eine Zumutung, die spinnen ja alle!" und so weiter. Auf die Idee, dass manchmal Zuschauer auch einfach müde sind oder eventuell die Künstler auch mal einen schlechten Tag haben konnten, ist sie nie gekommen, es waren immer „diese be-scheuerten Leute". Gut, ich übernahm in der Show des „Paradies Travestietheaters" in Nürnberg damals immer den Part der Eröffnungsmoderation, ich war also das Opening. Während meine Kolleginnen hinter der Bühne

Polette ablenkten mit Fotos und Geschnatter, erklärte ich dem Publikum, dass Polette heute nicht so fit sei. Ich habe mir eine richtig dicke Lügengeschichte ausgedacht, sie habe eine schlimme Ohrenentzündung und ihr Hamster sei krank und sie könne eigentlich gar nicht auftreten. Aber, das sei die gute Nachricht, sie sei eben ein echtes Zirkuspferd und wahnsinnig loyal, wir würden aber darum bitte, nicht zu klatschen in ihren Nummern, weil sie sonst die Musik nicht richtig wahrnehmen könne. Winken, ja, winken sei statt Applaus das Mittel der Wahl, um die große Künstlerin nicht so sehr zu beeinträchtigen. Das Publikum zeigte sich offen und betroffen (so war auch mein Spitzname in der Ausbildung, aber das erzähle ich mal an anderer Stelle…), war also einverstanden.

Polette spielte ihre wirklich gute Nummer, erhielt aber überhaupt keinen Applaus, sondern nur frenetisches Gewinke. Wir sind hinter der Bühne ausgerastet, es war so lustig. Hinter der Bühne ist Polette fast wahnsinnig geworden - „Sind denn alle verrückt geworden? Sind die alle besoffen? Was ist hier los?", sie war richtig fuchsig. Aber mit keiner Hirnzelle hatte sie in Betracht gezogen, dass wir Kolleginnen vielleicht etwas damit zu tun hatten. In der zweiten Hälfte der Show wiederholte sich das Ganze, wieder nur Gewinke, kein einziger Klatscher, bei allen anderen Damen allerdings richtig viel Applaus. Polette war backstage dann völlig fertig. Ein Häufchen Elend mit Perücke. Natürlich haben wir sie eingeweiht in unseren kleinen Streich, über den sie dann auch sehr lachen konnte. Also lachen, während sie uns mit ihrer Tornadostimme drohte: „Ihr blöden Kühe, das werde ich Euch heimzahlen!". Alleine das jetzt!

Aber: Was genau ihre Rache sein sollte, haben wir nie erfahren, sie starb wenige Jahre- nach dem Auftritt überraschend und nahm dieses Geheimnis leider mit ins Grab. Gott hab' sie selig!

Doris, wo warst Du?!

Eine bekannte Hotelkette hatte in den Nullerjahren Aktionstage für Mukoviszidose ausgerufen, die Gattin des amtierenden Bundeskanzlers war die Schirmherrin und das Paar hatte sich angekündigt. Das Bundeskanzleramt bat allerdings im Vorfeld darum, dass keiner von uns Künstlern und auch nicht die Moderatorin die Schröders begrüßen solle, sondern der Hoteldirektor selbst. Natürlich führte das dazu, dass ich den Kanzler extra ansprach. Ich überreichte ihm vor allen Leuten einen dicken Umschlag mit der Bitte, den bei Herrn Eichel abzugeben, weil ich Probleme mit meiner Steuererklärung haben würde. Er steckte den Umschlag diskret in seine Tasche und erwiderte charmant: "Aber natürlich, gnädige Frau!". Später hinter den Kulissen berichtete er uns, dass die Anweisung zur Anmoderation nicht von ihm gekommen sei. Ich habe in den folgenden Jahren immer wieder Doris Schröder-Köpf getroffen, zum Beispiel im Gay-People-Zelt beim CSD Hannover oder bei anderen wohltätigen Events. Zugunsten der AIDS-Hilfe übernahm Doris die Schirmherrschaft einer Benefizgala, in der ich auch auftreten sollte. Beim Fototermin mit Scheckübergabe warteten diverse Ehrengäste, Corinna May, der Veranstalter und ich ziemlich lange auf die ehemalige Bundeskanzlergattin, die sich erheblich verspätete. Von den Anwesenden wusste allerdings keiner, dass Doris und ich uns ja auf vielen anderen Veranstaltungen gesehen hatten und uns sehr schätzten. Deswegen nahm ich mir auch heraus, sie frotzelig zu begrüßen mit einem herzhaften "DORIS! Wo warst Du denn die ganze Zeit?!". Konsternierte Gesichter bei allen - außer bei Doris und mir. Diese Pikiertheit setzte sich dann noch fort, als ich auf der Bühne später zum Publikum sagte, dass es mir leid tue, wir wären einfach nicht pünktlich gewesen, weil Doris und ich uns noch gegenseitig die Haare gemacht hätten. Und wieder eisige Gesichter bei den Honoratioren der Stadt, aber eben auch kreischendes Gelächter beim Publikum und eine Doris, die sich vor Lachen mehrfach auf die eigenen Schenkel geschlagen hat. Man muss eben auch wissen, für wen man spielt!

Ja, spinn' ich denn?

Als ich Zweitausendschießmichtot das erste Mal im Frankfurter Karneval engagiert war, habe ich meine langjährigen Flüchtig-Bekannten, Familie Kuhn, besser kennen gelernt. Heute sind Corinna, Lea und Volker enge Freunde und mein Dreh- und Angelpunkt in der Region, sie sind sehr, sehr tolle Veranstalter und bemühen sich überdurchschnittlich um ihre Künstlerinnen und Künstler. Mutter und Tochter spielen auch selbst jedes Jahr große Rollen, oft auch in den Sitzungen, die später das Fernsehen ausstrahlt.

Für mich ist es eine reine Freude, bei den Kuhns zu wohnen, wenn ich in der Nähe spiele. Natürlich auch, weil ich nur dort einen eigenen Fahrer (Olli! Liebe Grüße!) *und* ganztägigen Zugang zu Äppelwoi mit und ohne Spritz habe. Immer, wenn die eigene Damensitzung von Corinna beendet ist, gehen wir bei Kuhns noch in den Partykeller. Also in einen echten Partykeller. So einen richtigen, genau, wie Sie sich den jetzt vorstellen, genau so sieht der aus! Gut, wir also immer in diesem Keller nach Feierabend – und dann wird Gin getrunken, denn Volker und ich teilen die Leidenschaft für Gin-Tonic seit vielen Jahren. Vor wenigen Jahren allerdings geschah dann etwas, das sich nur deshalb so lustig erzählt, weil es nicht gestern zwar – währenddessen jedoch, oha, war es ziemlich gruselig. Nachdem wir also (mit eigenem Fahrer!) auf der Sitzung recht viel (!) Äppelwoi und im Partykeller recht (!) viel (!) Gin-Tonic hatten, schlief ich sofort im Gästezimmer ein. Allerdings nur wenige Minuten, denn kurz nach „Licht aus" schaltete ich es wieder an. Aber nicht in meinem Zimmer, sondern im ehelichen Schlafgemach derer zu Kuhn. Ich war ganz offensichtlich über mehrere Treppen und Flure schlafgewandelt, hatte Türen geöffnet und jetzt eben das Licht in einem fremden (belegten!) Schlafzimmer eingeschaltet. Ich blickte im selben Moment, in dem ich merkte, wo ich war und mich fragte, ob ich noch alle Tassen im Schrank hatte, in die jetzt wachen Augen von Volker, der nicht nur einen ähnlichen Fragenkatalog zu haben schien, sondern auch noch ganz andere Qualitäten unter Beweis stellte. Denn er schrie. Und zwar nicht, wie ein wütender Hesse oder ein erschrockener Frankfurter, sondern wie die Drag-Version eines angeschossenen Caruso-Imitators, bei dem die Batterien überladen sind. Sie merken, ich versuche, von meinem Schlaf-wandeln abzulenken, aber er schrie *wirklich* lange, laut und schlimm. Danach blickten wir beide uns noch weitere 10 Sekunden geschockt an, bis wie in einer abgesprochenen Choreo-grafie zwei weitere Highlights dieser Nacht folgten: Ich schaltete das Licht aus und *er* sagte „Es tut mir leid, bitte verzeih mir!". Ja, spinn' ich denn? ICH öffne SEIN Schlafzimmer und wecke ihn mit Licht und ER entschuldigt sich? Alleine das jetzt! Anschlussfrage: Warum ist Corinna nicht aufgewacht? Abschlussfrage: Gilt dann „Gin auf Wein, das rat' ich Dir" nicht mehr? Ich befürchte es.

Kamelle, Kamelle!

Die Schultheatergruppe, die mich wenig später zur Travestie führen sollte, machte regelmäßige Probenfahrten mit ihren Mitgliedern. Als ich 14 war, sind wir mit 10 anderen Jugendlichen und den Theaterlehrkräften nach Gifhorn in eine Art Tagungshaus gefahren, in dem wir im Erdgeschoss Theater spielten und im ersten Stock übernachteten. Nur nette Leute, kein Unterricht, heimlich lange wach bleiben, Streiche spielen, proben, lachen. Ich hatte exzellente Laune! Als aufmerksamer BRAVO-Leser war mir, dem schon sehr erfahrenen Fingernagelkauer, nicht entgangen, dass es nun ein Mittel gab, mit dem ich mein Laster in den Griff bekommen konnte: „Stop & Grow", hatte ich mir natürlich sofort in der Apotheke besorgt. Es handelte sich um ein sehr, sehr bittere Nagellacklösung, die man zwar „essen" konnte, die aber wirklich widerlich schmeckte, ein Anti-Kau-Nagellack eben. Meine Mutter hatte mir außerdem auch eine sehr große Tüte Bonbons mitgegeben, außerdem drei Comics und 10 Mark Taschengeld. Herrlich! Wie gesagt, es waren nur nette Menschen auf der Fahrt, aber Freundlichkeit schützt ja vor Witzen nicht - und so kam es, dass sich Maren Wolter über meine mattlackierten Nägel lustig machte und zwar - Todsünde, wenn man 14 ist - vor allen anderen. Sie fragte mich sehr laut, ob ich mich für den Karneval vorbereiten würde, um als Hildegard Knef zu gehen, die Nägel hätte ich ja schon. Ich war nun nicht wirklich tief verletzt oder traurig, aber es hat mich extrem getriggert, dass alle über mich gelacht haben und ich keine coole Antwort parat hatte. Am nächsten Tag fiel mir dann eine exzellente Replik ein, die mich heute noch zum Wiehern bringt. Während die anderen im Garten Ball spielten, präparierte ich die ganze Tüte Bonbons, indem ich die einzelnen Campinos auswickelte, jedes Teil ausführlich mit „Stop & Grow" bestrich, alles trocken föhnte und dann liebevoll wieder einwickelte. Ich trat ans Fenster im ersten Stock, pfiff alle beisammen und hielt dann meine kleine Ansprache, getarnt als Loblied auf unsere Theatergruppe. Meine Rede endete mit: „…in diesem Sinne wünsche ich einen schönen Karneval, Kamelle, Kamelle!" - und natürlich warf ich die Bonbons zum Volk herunter. Alle haben sich amüsiert, alle haben sofort einen gegessen, sogar die Lehrer. Nach 5 Sekunden passierten zwei Dinge gemeinsam: Meine Untertanen verzogen absurd ihre Gesichter und ich schloss das Fenster kreischend: „Tanzt Ihr Dödel, die Knef hat Laune!".

Ich mache Schmidt

Die legendäre Schmidt Mitternachtsshow auf der Reeperbahn ist eine kreative Brutzelle der deutschen Bühnenkunst und seit Jahrzehnten ein beliebter Klassiker beim Publikum. Ich hatte 2006 schon mehrere Jahre immer mal wieder 20-Minuten-Auftritte dort gehabt und meistens ziemlich abgeräumt. Trotzdem tat ich mich etwas schwer damit, weil ich damals ja noch in Hannover lebte und die nächtlichen Rückfahrten sehr anstrengend waren. Gerade, als ich in Gedanken schon abgesprungen war, fragte mich die Abendspielleitung (damals die wunderbare Nadine Leßmeister), ob ich beim nächsten Mal nicht Lust hätte, die ganze Moderation zu übernehmen. Auf jeden Fall! Diese neue Aufgabe hat mich dem Schmidt sehr nahe gebracht und ich hatte einen sensationellen Herbst. Im Frühjahr 2007 spielten Hausherr Corny Littmann und der leider mittlerweile verstorbene Kollege Bernhard Hoffmann die Vampirkomödie „Das Geheimnis der Irma Vep", im Anschluss moderierte ich die Mitternachtsshow. In der Pause stürmte Theaterchef Corny in die Garderobe und verhörte mich energisch. Man darf an dieser Stelle nicht vergessen, dass ich im Fummel und mit Highheels circa 30-80 cm größer bin als er, aber gut. Er, der aufgeregte viel kleinere Mann auf jeden Fall fragte barsch: „Wer sind Sie?" und ich sagte etwas unsicher „Elke Winter, ich moderiere hier". „Seit wann arbeiten Sie in meinem Haus, Sie sind ja eine Sensation!". Ja, Kinder, der Rest ist Geschichte.

Die Göttliche kommt

Im Januar 2003 war ich für 3 Monate im berühmten Hamburger Pulverfass engagiert - jedenfalls meine ich mich an dieses Jahr zu erinnern (ich altere ja schon lange nicht mehr, da kommt man eben leicht durcheinander). Im Laufe des Februars wurde das Team immer aufgeregter: „Die Göttliche kommt bald" und „SIE ist bald hier!" und „Sie kommt nur einmal im Jahr und ist unglaublich!". Aha, aber wer oder was soll das sein, ich hatte keine Ahnung und auch noch nie von einer „Göttlichen" gehört. „Na, France Delon aus dem Süden, die Diva der Diven, die Göttliche eben!" - ehm, okay, kenn ich nicht! Aber gut, sie schien wohl ne ziemliche Nummer zu sein, schließlich durfte sie bei Heinz-Diego privat wohnen, also beim Chef des Travestietheaters persönlich.

Es wurde März und sie erschien tatsächlich: France Delon spielte einen Monat im selben Programm wie ich. Sie war sehr unterhaltsam auf der Bühne und hatte viele Fans, ich verstand, warum einige Kolleginnen so begeistert waren. Sie und ich allerdings wechselten vier Wochen lang außer der Begrüßung am ersten Tag kein einziges Wort, denn wir hatten verschiedene Garderoben und sie schien mich zu meiden. Gut, dachte ich, die blöde Pute hält sich wohl für was

Besseres. Am letzten Tag stand sie dann auf einmal in meiner Tür und sagte: „Ich hab den Monat mit Dir genossen, Du bist eine tolle Kollegin, vielen Dank. Wenn Du Ostern in Nürnberg bist, zeige ich Dir die Stadt und das Paradies-Theater".

Uff. Die alte Henne ignoriert mich 4 Wochen und tut dann so, als wären wir verwandt. Interessanter Move. Aber bitte, ich bin ja nicht gerontophob, ich höre auf die Weisheit des Alters, so auch damals, und es wurde Ostern. Tatsächlich, vom ersten Tag in Nürnberg an kümmerte sich die betagte, erfolgreiche, alte und ziemlich bekannte France Delon um mich, die kleine, süße, junge, witzige Elke aus dem Norden. Als wäre sie meine Mutter. Und was soll ich sagen, das ist heute noch so, nur andersrum. Also von der Betreuung her, jung bin ich ja immer noch. Aktuell touren wir mit „My mother and me" durch die Republik und einer unserer Werbesprüche ist „Beeilung! Eventuell Ihre letzte Chance, France Delon lebend zu bewundern". Und der Rest ist Geschichte…

Apropos Wunder: Hier noch ein kleines fränkisches Rätsel: An unserem ersten gemeinsamen freien Abend in Nürnberg zeigte mir France eine Kneipe, anscheinend für Motorradfahrer, die hatten alle so Ledersachen an, aber die Helme wohl vergessen oder an der Garderobe abgegeben. Anyway, der Wirt hieß Manni, ein latent aggressiver Berg, der einen Gast, der wohl frech gewesen war, anraunzte: „Ich brunz Dir in die Fresse, dass die Zähne rosten". Alleine das jetzt! Wollen Sie wissen, was das bedeutet? Oder lieber nicht? Ich würde nicht googeln, nur so als Tipp!

Die Bockwurst-Tournee

In den wilden Nullerjahren bin ich mehrfach Teil einer Tourneeproduktion gewesen, die mehrere Kolleginnen und mich durch ganz Deutschland führte: „Zauber der Travestie". Meistens fanden unsere Auftritte in Landgasthöfen, kleinen Theatern oder Hotels statt, für die Zuschauer waren wir natürlich die absolute Sensation, denn wer sonst trug in Bad Münstereifel so lange Fingernägel, wer war in Halle an der Saale je so schrill angezogen gewesen und vor allem: Wer war jemals witziger als wir in Pullach? Die Shows fanden abends statt, Aufbau und Soundcheck am Nachmittag. Manchmal waren wir in der Nacht angereist, manchmal kamen wir erst wenige Stunden vor Showstart an.

Wir reisten alle zusammen in einem Bus, es war also immer eine Art Travestie-Klassenfahrt, also so richtig mit allem, was dazugehört: kurze Nächte, wilde Partys, lautes Lachen, tolle Freundschaften. Aber auch - nicht vergessen: große Egos lange Wochen auf engstem Raum! - Streit, Neid und Zickenszenen gehörten dazu.

Funfact: Ein internationaler Treffpunkt internationaler Travestiekunst ist das Kirchheimer Dreieck, denn dort ist die Kulinarik zuhause. Aber von Anfang an:

Ich weiß ja nicht, wie Sie es handhaben, aber ich bin wirklich nur mittelgut gelaunt, wenn ich Hunger habe. Auf der Tournee war jedenfalls nicht an allen Spielstätten Zeit, vorher oder nachher in ein Restaurant zu gehen, außerdem kamen die Spielstätten nicht immer der Verabredung nach, dass die Damen direkt nach der Vorstellung etwas zu essen bekamen. Am besten eine richtige, warme Mahlzeit, die man, das ist ja logisch, nich direkt vor dem Auftritt zu sich nehmen konnte. Nun ist es jede Woche der Tournee nicht nur einmal passiert, dass der Veranstalter das Catering vergessen hatte - es gab dann halt Schokoriegel, Brezeln, Erdnüsse, eben das, was die Gäste kaufen konnten. Wenn noch was da war am Ende des Tages. Uns blieb oft nichts anderes übrig, als an der nächsten Tankstelle etwas zu essen zu kaufen - und das einzig Warme dort waren (neben uns Ladys) eben Bockwürste.

Bockwürste. Echt lecker, wenn man sie ab und zu mal isst. Aber 5 mal in der Woche? Lustigerweise hatten wir mehrfach die Situation, dass der Gastwirt uns vor der Show freudestrahlend darauf hinwies, dass er uns nach dem Gig „selbstverständlich warm verpflegen würde" - und uns dann Würste und Toastbrot hinstellte.

Uns blieb nichts anderes übrig, als es mit Humor zu nehmen, wir waren also offiziell auf der großen Bockwursttournee. Nicht alle Kolleginnen fanden das schlimm, einige liebten die Würste (hier unterdrücke ich insgesamt 43 Witze), ich jedoch bin relativ geheilt vom Bockwurstbock.

Bitte besuchen Sie meine Kolleginnen auf den großen Travestie-Tournee-Revuen, das sind oft sehr lustige, bunte Shows. Mit dem Wissen um die Verpflegungssituation aber schlage ich folgenden Versuchsaufbau vor: Werfen Sie doch mal ganz locker eine Bockwurst auf die Bühne. Je nach Erfahrung werden sich die Kolleginnen um die Wurst prügeln oder die Flucht ergreifen.

Umsatz!

Auf einer ähnlichen Tourneereise bat mich eine etwas ältere Kollegin (nennen wir sie heute „Agnetha Pastell"), in meinem Auftritt, der kurz vor der Pause sein sollte, auf ihre CD hinzuweisen. Ihre eigene Show war erst in der zweiten Hälfte geplant und sie wünschte sich eben Verkäufe in der Pause und nach der Vorstellung. Verständlich und für mich Ehrensache, ich kann sie bis heute gut leiden.

„Meine Damen und Herren, bitte bedenken Sie, dass Sie in der Pause die CD meiner liebreizenden Kollegin im gehobenen Alter erwerben können. Obacht! Sie benötigt das Geld wirklich für ihre Rente. Sie unterstützen also eine sehr gute Sache! Bitte kaufen Sie alle eine CD von Agnetha Pastell!"

Ich betrat das Backstage und merkte sofort: Huiiii, das fand sie gar nicht lustig! Nie wieder dürfe ich so über sie vor Publikum sprechen, nie wieder solle das böse Wort („Rente!") in Zusammenhang mit ihr („Lady!", „Ikone!", „Dame!" „Noch nicht in Rente, erst nächstes Jahr!") fallen.

Ahja, ich nahm es zur Kenntnis, Humor war also auch bei gestandenen Showhasen keine Einbahnstraße.

Am nächsten Abend wechselte ich für den Rest der Tour die Moderation zum neutralen Hinweis: „Auch meine geschätzte Kollegin Agnetha hat eine CD, die man käuflich erwerben kann".

Nach 3 Wochen stellte Kollegin Pastell ernüchtert in größerer Runde fest: „Komisch, ich verkaufe jeden Abend nur eine CD, manchmal zwei, manchmal drei. Aber an dem einen Abend, an dem Du diesen schrecklichen Gag gemacht hast, da habe ich FÜNFZEHN verkauft! Woran liegt denn das?!"

Die 100.000-Mark-Show

In den 90ern haben noch viel mehr Firmen riesige Mitarbeiter-Events veranstaltet, teilweise sogar mit Lizenznahme von Fernsehsendungen. Sie erwarben damit das Recht, mit ihrer Belegschaft (und ohne TV-Aufzeichnung) die großen Samstagabendshows aus Unterhaltung und Quiz nachzuspielen. Manchmal war ich für das Drumrum einer solchen Show gebucht, ich sollte also das Publikum so richtig anheizen, bevor die TV-Show losging. Easy, nichts leichter als das, hoch das Bein, Sekt muss rein, ich bin Dienst-leisterin!

Die Leute liebten diese Shows, weil sie so die Chance hatten, in lange bekannte aber doch total fremde Welten einzutauchen, außerdem spendierten die Geschäftsführungen meistens wirklich sehr wertvolle Sachpreise, Reisen oder zusätzliche Urlaubstage.

Also, wie gesagt, so etwas gab es in den 90ern oft, selten war es jedoch, dass die echten Stars aus dem Fernsehen anwesend waren. Und so staunte die Belegschaft einer mitteldeutschen Versicherung nicht schlecht, als für die Moderation der „100.000-Mark-Show" eine extrem gut gelaunte Ulla Kock am Brink die Bühne im Festsaal des Nobelhotels betrat. Riesenjubel, große Begeisterung. Nicht vergessen, die Sendung war mehrere Jahre „deeeer Shit" im Fernsehen, jeder kannte sie.

Doch was war das? Unterschiedlich geschminkte Augen? Hatte Ulla Tränen an der Wange? War sie traurig? Und wenn ja, warum lachte sie dann so doll?

Nun gut, ich gebe es heute zu, weil es nicht mehr justiziabel ist! Ich war das, ich hatte Schuld, sie weinte meinetwegen. Aber der Reihe nach.

Ich hatte schon bei den Proben gemerkt, dass heute irgendetwas anders sein würde, weil irgendwie mehr Menschen im Backstage rumwuselten und eine der Garderoben abgeschlossen war. „Na ja, dann kommt wohl Hartmut Engler noch oder Andy Borg oder so" – egal, macht na nichts, müssen die ja wissen, wen sie nach mir auftreten lassen. In meinem Set jedenfalls habe ich dann mehrfach sehr kryptisch hingewiesen auf den Stargast, der ja nun noch kommen würde und so weiter. Als ich meinen Abschlusssong performt hatte spülte mich eine sehr große Welle Applaus von der Bühne, hui, das hatte Spaß gemacht, die Leute hatten Bock.

Ich höre gerade noch, wie der Moderator die folgende Gameshow ansagt, als ich im Gang zur Bühne der echten Moderatorin begegne! Sie ist es wirklich! Ulla Kock am Brink! Die wahrhaftige RTL-Ulla!

Wir erblicken uns, sie lächelt, ich spiele spontan entrüstet und rufe energisch: „Mein Gott, warum machst Du das denn, Linda?! Warum um alles in der Welt hast Du Deine Haare abgeschnitten?! Spinnst Du denn?".

Linda de Mol… Das saß, Ulla Kock am Brink starrte mich eine ganze und sehr lange Sekunde an, bevor sie schallend begann zu lachen, sich japsend für das Kompliment bedankte und im nächsten Moment in diesem Zustand die Bühne betreten musste. Sorry, Ulla, sorry!

Wir haben uns nie wieder gesehen. Und ich verstehe wirklich gar nicht, warum.

JUNGER MANN ZUM MITREISEN GESUCHT.
DER RECHTS IST MIR ZU ALT.
www.elke-winter.de

ELKE WINTER.
IHRE ALLIIERTE GEGEN GIERSCH.
www.elke-winter.de

ICH SINGE, WENN MAN MICH BITTET.
ABER AUCH SONST.
www.elke-winter.de

ELKE WINTER
IM ALTER IMMER BESSER
(KORKT NUR LEICHT)
www.elke-winter.de

TWIN-CHALLENGE!
MARKIERE
DEINEN ZWILLING.
ODER DEINE OMA.
www.elke-winter.de

LIEBE GRÜSSE.
AN ALLE.
VON MEINER MUTTER. SIE HAT ANGERUFEN

BOTOXROULETTE!
MARKIERE EINEN
GEWINNER!

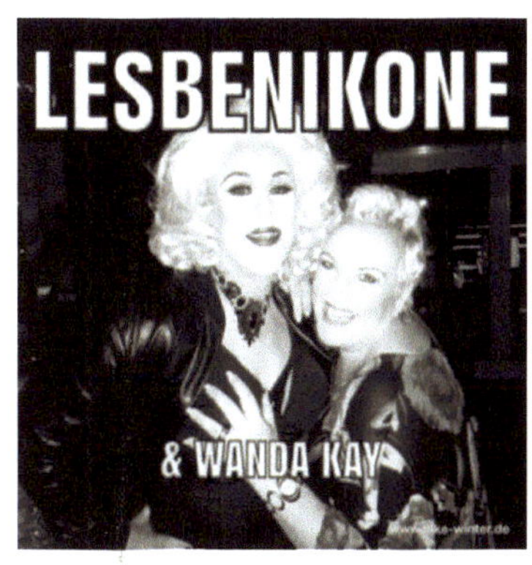

LESBENIKONE
& WANDA KAY
www.elke-winter.de

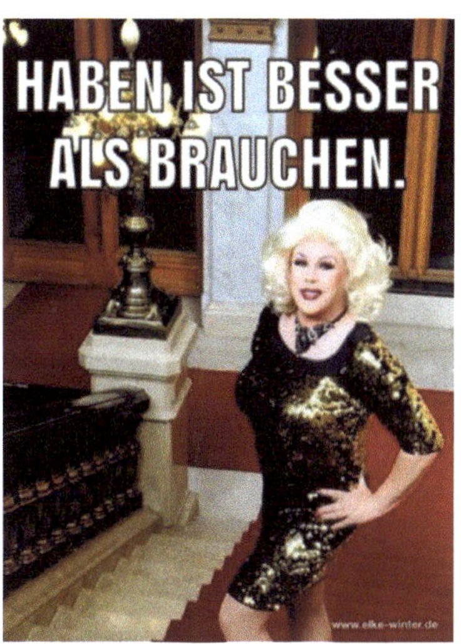

HABEN IST BESSER
ALS BRAUCHEN.
www.elke-winter.de

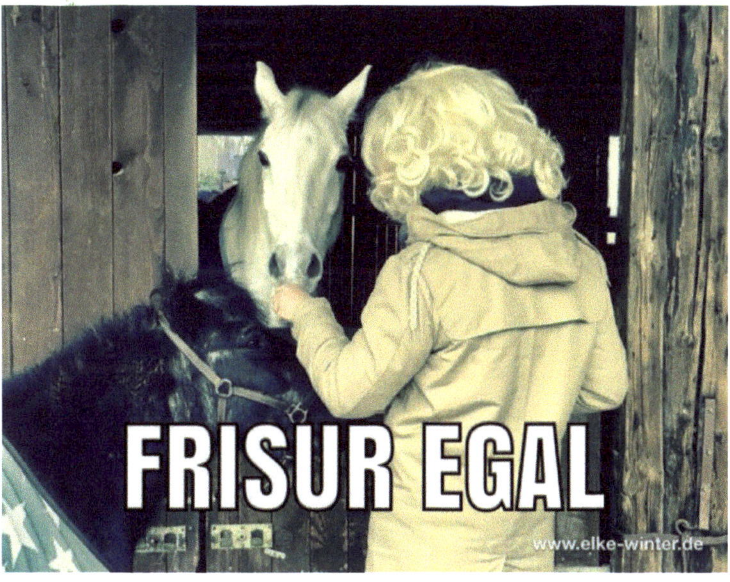
FRISUR EGAL
www.elke-winter.de

ELKE WINTER
TRAVESTIE, BEDACHUNGEN UND LANDSCHAFTSBAU
www.elke-winter.de

HALLLLLLLLO!
www.elke-winter.de

LÄCHLE, WENN DU KUSCHELN WILLST.
BITTE LECK DIR ÜBER BEIDE OHRLÄPPCHEN, FALLS NICHT.
www.elke-winter.de

ICH HAB DA WAS IM AUGE.
DICH!
www.elke-winter.de

MARKIERE DEINEN
LIEBSTEN TRAVESTIESTAR
MAL SEHEN, OB
ICH ANTWORTE.
www.elke-winter.de

BEICHTBEREIT.
www.elke-winter.de

MIR STEHT DAS WASSER BIS ZUM BUSEN.
www.elke-winter.de

ELKE WINTER.
HUMOR MIT BUSEN.

ICH BIN KEINE FRAU.
ICH BIN EIN FROLLEIN!
www.elke-winter.de

DAS GEHT MIR AUF DEN SACK!
(BEI MIR IST DAS MÖGLICH)

ALLEINE
DAS JETZT!
www.elke-winter.de

Gulasch ist Leben

Eine meiner Kolleginnen aus Mitteldeutschland war bekannt für ihren unglaublichen Geiz, nichts, was sie sich lieh, gab sie zurück, fremde Pfandflaschen wanderten in ihre Beutel, auf Partys erschien sie als erste und ging als letzte (nachdem sie ihre mitgebrachten Tupperdosen gefüllt hatte) und so weiter und so fort. Sie war trotzdem irgendwie nett und auch auf der Bühne schön anzusehen, aber sie war wirklich so geizig, dass selbst Onkel Dagobert anerkennend nicken musste. Deswegen haben wir sie heimlich auch Dagmar genannt, was sie selbst nie verstanden hat. Nun gab es in Nordrhein-Westfalen an zwei Theatern die Tradition, dass das jeweilige Geburtstagskind die ganze Mannschaft bekochte, aber Dagmar hat sich mehrere Jahre davor gedrückt. Offiziell war mal ihre Mutter gestürzt, mal die Oma krank, mal hatte sie schlimme Rückenschmerzen. Inoffiziell war uns allen klar: Die Alte wollte kein Geld für 12 andere ausgeben. Alleine das jetzt! Im fünften Jahr unserer Zusammenarbeit dachten wir uns: „Damit kommt sie nicht mehr durch!" - und so haben wir wochenlang Bemerkungen gemacht, wie sehr wir uns freuten, dass sie doch gerne Mutti und Omi mitbringen könnte und so weiter. Sie war am Ende schon richtig genervt und sagte irgendwann recht rotzig: „Gut, ich freu mich ja auch! Es gibt Gulasch!". Und tatsächlich, es gab Gulasch für alle. Mit Reis. Immerhin. Es schmeckte wohl angeblich auch ziemlich gut. Ich hatte Gott sei Dank nichts gegessen, offiziell wegen eines Magenproblems, inoffiziell weil ich der Hexe keinen Meter getraut habe. Und was soll ich sagen, der Rest ist Geschichte, ich rede nicht länger um den heißen Brei: Es war Hundefutter! Aufgewärmtes Hundefutter, dem sie noch Brühe und -für die Frische wohl- ein Glas Orangensaft zugefügt hatte. Zu ihrem Glück kam das erst raus, als wir lange alle woanders spielten, sie war wohl irgendwo mal lattenstramm (der Kopf war dicker als der Hals!) etwas unvorsichtig gewesen und hatte damit geprahlt. Lange Rede, gar kein Sinn: Ich würde zu gerne erzählen, was eine Kollegin sich als liebevolle Rache ausgedacht hat. Oh, zu gerne würde ich Ihnen das jetzt hier erzählen. Aber es geht einfach nicht, vertrauen Sie mir, Sie! Möchten! Das! Nicht! Wissen! Guten Appetit!

Letzte Ausfahrt Pinneberg

Ich gebe es zu: Manchmal bin ich unprofessionell und die Grenzen zwischen Bühne und Privatleben verschwimmen, so habe ich zum Beispiel meinen Zahnarzt während einer Show kennen gelernt (ich nehme an, er bemerkte sofort mein unglaubliches Potenzial beim ersten Lächeln, seine Helferin drückte mir im Foyer die Visitenkarte in die Hand mit den Worten: „Wir haben auch samstags auf, da behandeln wir oft Promis").

Aktuell beabsichtige ich, einen Fliesenleger im Publikum zu finden, der in Borstel-Hohenraden meinem Mann und mir ein kleines Projekt ermöglicht. Wir suchen auf diesem Weg außerdem einen Tischler, zwei Schau-werbegestalter und eine Zugehfrau, aber das ist ein anderes Thema.

Also. Manchmal lerne ich also Leute aus dem Publikum privat kennen oder treffe sie beim Einkaufen. Ab und zu werde ich auch völlig unerwartet erkannt. Daily life of a superstar, man kennt es.

Neulich bemerkte ich beim Schnacken mit der ersten Reihe, dass eine Gruppe Ladys aus Kummerfeld anwesend war – und das ist ja nun wirklich in der Nähe meines Anwesens.

Wir stellten sehr schnell fest, dass wir uns den selben famila-Markt teilten. Wir liebten sogar gemeinsam eine bestimmte Frau vom Käsestand! Die, die den Mönchskopfkäse so geil abrödeln kann! Alleine das jetzt!

Lange Rede, gar kein Sinn, wir haben uns tatsächlich zum Kaffeetrinken getroffen. Und es war sensationell nett.

Ich sag es mal mit Otto Wessely: Ich bin ein Star wie jeder andere. Und samstags gehe ich seit 6 Jahren oft zum Zahnarzt.

Schmidtflyx!

Am 14.3. 2020 begann wie wir alle wissen in Hamburg der erste Lockdown, am 13. habe ich mit der Mitternachtsshow noch das Schmidt Theater geschlossen. Kurz vorher hatte ich mit Corny Littmann schon über die Möglichkeit gesprochen, für Fans etwas online zu machen (also theatral, nicht mit Füßen oder anderen Fetischen, dafür sind andere Kolleginnen zuständig)…

Corny war *dafür,* allerdings nicht „einmal in der Woche", sondern *jeden* Tag circa eine Stunde. Aus den folgenden Gesprächen mit anderen bildete sich ein harter Kern aus Henning Mehrtens (Hausherr Schmidtchen), Elena Zvirbulis (Schauspielerin), Corny und mir.

Eine Mischung also aus „Art Klimbim-Familie" und Harald-Schmidt-Show-Cast mit pinkem Glitzer.

Wir bauten ein kleines Fernsehstudio ins Schmidtchen, Corny spielte zunächst den seltsamen Infotainment-Koch, Elena meine bescheuerte Tochter Blondie und Henning meinen sehr speziellen „Sidekick mit Schreibtisch".

Lukas Habermann, Matthias Laetzel, Steffen Waeger, Marco Knorz, Florian Bänsch und

Andreas Bierkamp waren unter anderem im Laufe der 28 Folgen im Produktionsteam, die erste lief am 17. März, die letzte am 24. Juni 2020.

Wir hatten in jeder Sendung eigentlich einen Gast, mehrheitlich Kolleginnen und Kollegen aus der Nähe. Meistens gegen 20:15 oder etwas später sendeten wir live und unzensiert und ungeschnitten. Wir waren schrill und trashig, aber verhandelten in jeder Folge Dinge von Belang. Kurz: Wir waren eine richtige Schmidt-Produktion im klassischen Sinne.

Es war ein wenig das alte, warme Schmidt-Show-Kindergeburtstags-Alles-Nichts-Oder-Gefühl, das wir und unsere Zuschauerinnen und Zuschauer seit 1988 so lieben. „Avanti dilettanti!" würde mein Freund Heiko Wohlgemuth jetzt lachend sagen. Herrlich!

Nach kurzer Zeit haben wir das Hauptthema für jede Folge geändert, zum Beispiel „Oktoberfest", „Märchen" und mehrfach auch Weihnachten. Ich finde das heute noch lustig!

In den Onlinekommentaren schwelgten alte Ensembles, aktuelle Darstellerinnen und Darsteller und natürlich unzählige Gäste in Erinnerungen, feuerten uns an und hielten auch unsere Laune so ganz oben. Danke!

Meine absolute Highlightsendung war der „Hamburg Eurovision Sogcontest", ich frage mich bis heute, warum wir dafür keinen Grimmepreis bekommen haben. Bitte nutzen Sie im Serviceteil dieses Buchs den QR-Code, der Sie zum Youtubekanal des Schmidt Theaters leiten wird, Sie finden dort die Aufzeichnungen von Schmidtflyx – und natürlich im Besonderen MICH im silbernen Kleid mit „Aufrecht gehen" und sensationeller Lichtshow, ich habe jetzt noch eine Gänsehaut!

Apropos nackt: Wir haben alle kein Geld verlangt oder bekommen für die Sendungen, sondern es für das Theater gemacht, für die Schmidt-Familie, aber auch für uns selbst. Es hat uns geholfen, diese unfassbare Zeit im Ansatz auszuhalten – und viele Fans waren uns wahnsinnig dankbar, wir bekommen bis heute noch tolle Rückmeldungen, auch zu meinen legendären Stürzen, der Gutschein-Spendenaktion oder dem Live-Ergebnis aus unserer Schmidtflyx-Studie, denn wir waren ja später im Sommer das erste deutsche Theater, das wieder spielte. Wir begrüßten im Tivoli zu Paradiso mit bahnbrechendem Hygienekonzept. Und der Rest ist Geschichte.

Achso, ja, ich habe Namen, Anschrift und Konfektionsgröße vom Kameramann. Sogar seine Handynummer. Und ich beabsichtige, all diese

Informationen für mich zu behalten. Also: Tschüüüüüüüß!

35 Jahre Elke Winter

2023 haben wir mit viel Piff, Paff und Puff mein 35. Bühnenjubiläum gefeiert, natürlich im Schmidt Theater, das ja nur wenige Tage älter ist als ich. Die Bühne war auf der einen Seite glamourös dekoriert mit Thron, Samt und einer wunderschönen Schneiderpuppe mit einem meiner Lieblingskostüme. Auf der anderen dann viele weitere Outfits und Backstage-Dekorationselemente. Über allem strahlte mein neues Logo, das an sich schon eine Sensation ist aufgrund seiner Mehrdeutigkeit, aber das müssen Sie bitte selbst checken, haha.

An zwei ausverkauften Abenden haben mein Autor und ich in einer Art Late-Night-Show-Setting Weggefährten und Freunde empfangen (zum Beispiel Wanda Kay, France Delon, Ades Zabel und Edith Schröder), Grußbotschaften geschaut (zum Beispiel von Jörg Knör, herrlich!) und so die Hütte zweimal abgerissen. Zu Beginn hielt Corny noch eine liebe Laudatio, es war toll! Kennen Sie das auch, wenn man nach einem sehr, sehr anstrengenden Projekt sehr, sehr erschöpft ist und gleichzeitig maximal glücklich? So war das bei meinem Jubiläum.

Das lag auch daran, dass alles wie geplant lief, aber eben auch einige tolle Überraschungen stattfanden, zum Beispiel von meiner wunderbaren Managerin Johanna und meinem sehr lustigen Künstlerkumpel Bätz, die ein sehr charmantes Best-of meiner Schmidtflyx-Moderationen geschnitten hatten.

Die Zuschauerinnen und Zuschauer durften außerdem vor der Show und in der Pause Fragen stellen, wir hatten dazu extra Umfragekarten drucken lassen und Kugelschreiber mit der Knallerbeschriftung: „1988-2038: 50 Jahre Elke Winter". Es kamen natürlich viele Karten mit einfachen und herzlichen Glückwünschen zurück, einige aber hatten es auch richtig in sich, weil die Fragen so gut (oder frech) waren. Wir hatten große Freude beim Beantworten, unter anderem auch, weil meine Freundin Mary Roos, die mit der wunderbaren Peggy March im Publikum saß, ihre sehr kecken Worte mit ihrem Geburtsnamen unterschrieb – und ich der einzige Mensch im Raum war, der das durchschaut hatte. Diese Karte hängt heute übrigens gerahmt in meinem Wohnzimmer.

Was aber wird mir neben den Promis und Applausmomenten in Erinnerung bleiben? Richtig, der neue Kellner. Jay ist sein Name, er brachte während der Show ab und zu etwas zu trinken für die Gäste. Wie es nun mal meine Art ist: Ich habe ihn natürlich gleich beim ersten Mal angesprochen: „Du hast aber auch lange nicht mehr angerufen!" – was an sich schon deshalb lustig war, weil ich ihn (wirklich!) noch nie in meinem Leben gesehen hatte. Aber, und jetzt kommt's, manchmal sind andere Leute auch sehr lustig… Er jedenfalls schaute mir tief in die Augen und sagte „Ja, Du willst ja nach dem dritten Orgasmus immer nicht mehr!" und ging. Alleine das jetzt! Nun hatten natürlich die Zuschauer nichts davon gehört, er trug ja kein Mikrofon. Wir auf der Bühne allerdings sind ausgerastet! Wie witzig! Ich schreie heute noch!

Wie albern!

Kennen Sie Pamela aus Kolumbien? Nein? Schade, die ist toll! Sie blickt auf eine jahrzehntelange Karriere zurück, in deren Verlauf sie alles geschafft hat, was man als Travestiekünstlerin erreichen kann. Außer Hochdeutsch lernen. Das hat leider nie geklappt. Ich kann also von Tausenden netten Momenten mit Pamela berichten, erinnere mich aber an keinen einzigen Satz, den sie fehlerfrei konstruierte oder auch nur betonte. Aber gut, charmant war es trotzdem immer mit ihr, wenn man mal wieder raten musste, was Madame einem sagen wollte. Und kennen Sie Barlow? Nein? Dann bitte googeln und mal vorbeifahren, es handelt sich um ein sehr besonderes Dorf, in dem ich mehrfach mit einer Travestierevue auftreten durfte. Barlow besteht im Grunde aus 12 Häusern und einem Schweinestall. Es gibt in Barlow kein Theater und auch kein Gemeindehaus, keine offizielle Versammlungsstätte und auch keinen Mehrzweckbau, keine Kneipe und kein Restaurant. Aber es gibt die Freiwillige Feuerwehr und eben diesen riesigen Schweinestall. In dieser Kombination versteckt liegt, Sie ahnen es, eine große Chance, denn, wenn Menschen Bock auf etwas haben und Zeit, dann, ja dann kann Großes entstehen. Und groß war es immer dort, wir hatten es wahrlich gut! Die örtliche Feuerwehr und diverse engagierte Mitglieder der umliegenden Gemeinden richteten jedes Jahr den ehemaligen Schweinestall mit großem Aufwand her und ermöglichten so mit und für uns stets das gesellschaftliche Jahreshighlight Barlows. Die Anwohnerinnen und Anwohner freuten sich schon am Nachmittag beim Soundcheck auf uns, teilweise riefen freche Omas im Vorbeigehen aber auch „Da seid Ihr ja endlich!", und wenn ich dann „Ja, haste auch Kuchen gemacht" zurückschrie, konnte ich sicher sein, dass die lustige Rentnerin ein Jahr später mit einem Blech Kirschkuchen an der Straße wartete. Anyway. Um 19 Uhr war immer Einlass, die Feuerwehr benutzt so Leuchtdinger für die Parkplatzeinweisung und alle Dörfer im Umkreis sind auf den Beinen. Also alles wie bei Take That, nur halt in Balow. Bereits um 19:30 waren die Fanta-Korn-Mischungen sehr reichlich konsumiert worden – und bei Showstart um 20 Uhr waren alle, alle, alle sehr betrunken und sehr glücklich. Die Bühne bestand aus Palettenholz und zwei Garderoben links und rechts, die nicht miteinander verbunden waren. Also wie im alten Pulverfass (keine hat je verstanden, was den Architekten geritten hatte, aber bitte). Im zweiten Jahr entdeckte ich, dass man mit relativ wenig Aufwand unter der Bühne durchkrabbeln konnte, was ein Spaß. Ich schmiss mich also halb geschminkt und halb im Fummel auf die Knie und robbte leise zur rechten Garderobe. Dort angekommen erblickte ich die untere Hälfte der wunderschönen kolumbianischen Pamela-Waden, packte sie und schrie: „HALLO!". Pamela verzog keine Miene, schaute auf mich sehr streng herab und sagte in perfektem Hochdeutsch „Also echt, Elke, wie albern!".

Flucht im Reisebus

Auf einer der Tourneen mit der Travestierevue standen wir im Osten der Republik mal sehr lange im Stau. Es war die Zeit kurz vor Smartphones und Tablets, in der man vor Reiseantritt für genügend Lesestoff und Walk- oder Discmanbatterien sorgen musste. Wenn man das falsch plante, drohte die Höchststrafe - und man musste sich unterhalten.

Normalerweise könnte man ja davon ausgehen, dass man die Geheimnisse der langjährigen Kolleginnen alle kennen sollte, aber auf dieser einen Fahrt, da kam Unglaubliches raus. Eine der Damen, nennen wir sie hier der Fairness halber mal Titti Lippenstift, kam in der 2. Stunde ohne Vorwärtskommen auf die glorreiche Idee, uns zu erzählen, was sie in ihrem (langen!) Leben schon alles gestohlen hätte. Kurz: Es waren nicht nur die üblichen kleinkriminellen Dinge wie ein Apfel, Handtücher oder Hotelgeschirr, sondern auch Buffetstühle (abtransportiert im Reifrockkleid) und eine komplette Waschmaschine im Warenhaus. Sie ist wohl einfach mit einer Sackkarre und dem Ausstellungsstück an die Kasse: „Entschuldigung, Ihr Kollege hat hier vorhin keinen „verkauft-Aufkleber draufgemacht!", und sie kam damit durch... Unglaublich. Ich konnte leider nur mit einem eher aus Versehen gestohlenen Tintenkiller aus den 80er aufwarten (wobei Julika Schmidtmayer auch echt eine ziemlich blöde Kuh war und ich NICHTS bereue!) und war dann ganz froh, als das Gespräch branchenüblich wieder um unsere schlechtesten und besten Sexgeschichten ging. Irgendwann kamen wir sehr knapp aber noch rechtzeitig für den Auftritt am Ziel an, sahen, siegten, schminkten ab und traten die Weiterreise an, die uns des nachts circa 200 Kilometer weiter nördlich bringen sollte.

An einer Tankstelle streifte unser Busfahrer dann leider die Tanksäulenbegrenzung. Der Mitarbeiter vor Ort rief noch schnell die Polizei und machte dann Feierabend. Alleine das jetzt! Wir sitzen also irgendwann kurz vor Mitternacht in unserem Bus und sollen als Zeugen aussagen. Die Polizistin beäugte uns mit einer Mischung aus Interesse (Männer mit atypischem Verhalten, alle recht lustig, Kajalreste in den Augenwinkeln, sehr bunte Koffer) und Misstrauen. Ich weiß bis heute nicht genau, warum, aber mir ging irgendwie die Pumpe. Vielleicht, weil ich so müde war. Ich hab mich dann innerlich selbst beruhigt, Elke, sagte ich zu mir, Du hast nichts Unrechtes getan, Du bist nur Zeugin, das ist reine Formsache. Als ich mich gerade gefangen hatte und bereit war zu meiner Aussage, meldet sich meine Kollegin Luise. Also nicht nur zu Wort, sondern auch so richtig mit Meldefinger, breit grinsend. Die Polizistin nimmt sie dran, wie in der Schule, und ich bin das erste Mal in meiner Karriere wirklich sprachlos. Die Kollegin fragt nämlich: „Entschuldigen Sie? Die Frau Winter hat vor 18 Jahren einen Tintenkiller gestohlen, können wir sie dafür noch irgendwie belangen?" - die Polizistin verneinte und erklärte uns den Fachbegriff der Verjährung. Glück gehabt. Abfahrt!

Mein Schweinebauer

Wie sie wissen, bin ich ja nicht nur die Liebe der Matrosen im Allgemeinen, sondern auch noch sehr gerne auf Schiffen mit meinen Shows. Die Stimmung an Bord ist meistens sehr gut und wir Künstlerinnen und Künstler werden oft sehr zu schätzen gewusst. In Konkurrenz zu diversen Buffets, Casinos, Poolpartys oder schlicht dem Sonnendeck stelle ich immer wieder fest, dass fast nur die Menschen zu den Shows kommen, die sich auch dafür interessieren.

Im Gegensatz zu den meisten anderen Showacts bereite ich mich auf meine Kreuzfahrtauftritte nicht in der Garderobe hinter der Bühne vor, da ist oft wenig Platz und ich habe ja wirklich viel Gedöns und bin mit fast 2 Metern auch eine beeindruckend große Erscheinung. Ich schminke und „dresse", wie wir Profis sagen, mich also auf meiner Kabine.

Das hat zur Folge, dass ich den Weg zur Bühne sehr vorsichtig bewerkstelligen muss, weil Kreuzfahrtschiffgänge nicht für ihre Überhöhe oder Überbreite bekannt sind.

Mitte der 10er Jahre laufe ich also mit meinen süßen blauen Pumps zur ersten Show und bleibe nach der Ansage mit den Hacken in einer Stufe der Showtreppe hängen. Ich betrete schön wie Cinderella, aber behalbschuht wie Aschenputtel die Bühne – sehr großer Lacher für Publikum, Techniker und Abendspielleitung. Ich lache ebenfalls und entdecke einen älteren Herren in der ersten Reihe, er ist deutlich über 60 und findet mein Malheur zum Schreien gut. Ich bringe meinen Auftritt selbstverständlich mit Grandezza zu Ende und beschließe, den nächsten mit anderen Schuhen zu spielen.

Einige Tage später dann die zweite Show, der schadenfrohe Opi saß wieder auf demselben Platz und rief nach der Ansage keck und laut: „Na, bleibtse heute wieder hängen?". Ich lache und verneine, ich sei ja Profi. Er: „Wenn man laufen kann, funktioniert es auch. Hamwa ja gesehen neulich. Hamse wohl geübt, wa?" - alleine das jetzt! Aber DAS ist genau mein Ding. Er provoziert mich – und ich spiele das Spiel mit. Welche Schuhgröße er denn habe, ich sei eine niedliche 42. Er ja auch, was für ein Zufall. „Gut, Herr Heesters", kichere ich, „dann laufen SIE doch wohl am besten mal, oder?"…

Lange Rede, ganz viel Sinn: Karlheinz kraxelt auf die Bühne, zieht meine Damenschuhe mit Absatz an und läuft circa 3 Meter über die Bühne, flankiert von Livemusik der Kapelle und natürlich vom tobenden Saal, der uns beide sehr liebt in diesem Moment.

Und dennoch: Karlheinz kann es ü-ber-haupt nicht! Er wackelt wie ein bekifftes Kamel, mehrfach muss ich verhindern, dass er umkippt. Aber er hat den Spaß seines Lebens und die Leute auch.

„Ey, Methusalix, was hast Du eigentlich beruflich gemacht?" – und jetzt haltet Euch fest, ich hatte ja auf einen Beruf getippt, in dem man die Beine so seltsam breit machen muss, Schweine-bauerassistent (der die Tiere so zählt, während sie ihn tunneln, Ihr wisst schon!) oder irgendwas mit Seefahrt (wegen der sympathischen Art und der großen Klappe), aber nein! Er! War! Fahrlehrer! Ich sage „Nein, Karlheinz, heute habe ich leider kein Foto für Dich!", und da mussten wir beide lachen.

Mein zweitbestes Stück

2009 feierte Carte Blanche, eines der größten und schönsten Travestietheater der Welt, sein 25-jähriges Bestehen, und zwar im Rahmen der bekannten Elbufer-Filmnächte in Dresden. Dort traten sonst Roland Kaiser und viele andere große Stars auf, es ist wirklich eine bekannte Veranstaltung.

Es war bescheidenes Wetter, aber es kamen dennoch über 4000 Menschen und sehr viele Kolleginnen, um die Jubiläums-Show zu erleben.

Wie, fragte ich mich, sollte man auf so einem gesellschaftlichen Highlight-Ereignis denn mal ein wenig aus den Reihen der anderen Damen auf der Bühne hervorstechen – am Ende erinnerten sich die Leute ja eh nur an „es war bunt und bewegte sich"… Also ließ ich mir etwas sehr Besonderes einfallen und mein damaliger Schneider Micky verwandelte eine Rolle leicht glänzenden Camouflage-Stoff in ein wunderschönes Abendkleid, das sensationell saß und ein kleines bisschen im Wet-Look daherkam, weil die Oberfläche so raffiniert beschichtet war. Es war eng, unten etwas ausgestellt und hatte riesige Reisverschlüsse, die auf Brusthöhe scheinbar dem Druck nachgegeben hatten. Ich liebte das Kleid! Es erinnerte trotz Mini-Militärhut doch irgendwie an Arielle.

Zora, die Chefin von Carte Blanche, sah mich im Backstage und war entsetzt! „So gehst Du nicht raus!" – jetzt muss ich kurz was sagen zu Zora. Wir kennen und lieben uns seit langen Jahren und ich habe mir eine Art Sonderstatus erarbeitet, denn ich darf ALLES zu ihr und vor allem über sie sagen. Das Wort ALLES habe ich mit voller Absicht in Versalien drucken lassen (für Fanny Funtastic: Das bedeutet „in Großbuchstaben"). Weil wir uns so schätzen (und sie weiß, dass ich schlagfertiger bin, haha), darf ich zum Beispiel vorschlagen, eine Zora-Statue in Dresden zu errichten, dessen Kopf abschraubbar ist, weil sich ihr Gesicht ja eh alle 8 Wochen ändert. Ich darf außerdem öffentlich vermuten, dass meine liebe Freundin nicht beerdigt wird, sondern in einem Gelben Sack abtransportiert wird. Anyway, sie hat sich mehrfach schon bedankt mit „kurz vor der Show betrunken machen" oder anderen Gags, aber das gehört ja dazu. So.

Wo war ich? Ach, hier. Also: „So gehst Du nicht raus!" – Oh, sagte ich, doch, doch, ich muss los, ich bin dran". Während „Like a virgin" lief ich den großen Laufsteg entlang und beim ersten Refrain drehte ich mich überraschend um die eigene Achse, damit alle sahen, was Micky auf der

Rückseite noch eingebaut hatte: Es gab einen weiteren Reißverschluss, der allerdings nicht oben, sondern in der Mitte zu schwach war, meine Weiblichkeit zu halten. Mein (echter und eigener) Hintern schien aus dem Kleid zu platzen und erfreute herzförmig ganz Dresden. Die Leute grölten und jubelten, es war unglaublich.

Die Kolleginnen waren durchweg mittel bis gar nicht begeistert, haben aber, das kann ich nach einer soeben abgeschlossenen umfassenden Recherche mitteilen, heute Frieden damit gemacht, dass mein zweitbestes Stück schlicht eine Wucht ist.

Nur Zora, die behauptet bis heute, sich an nichts von alledem erinnern zu können. Ich schicke ihr daher ab und zu mal Handyfotos… von alten Fotos… vom Dresden-Arsch.

Olivia Jones, Kleinstadtperverse und natürlich Timmy der Hund

Ich habe in den letzten Jahrzehnten sehr, sehr viele spannende Menschen getroffen, die ich ohne die Travestie nie kennen gelernt hätte. Spannend ist in einigen Fällen wörtlich gemeint, manchmal metaphorisch und ab und zu als Euphemismus für „schrecklich".

Ich erinnere mich zum Beispiel an den Kleinstadt-Industriellen, der durch harte Arbeit seiner Großeltern sehr, sehr reich geworden war und einmal im Monat auf der Suche war nach einer Travestiedame, die bereit war, ihm Körperflüssigkeiten in Champagnergläsern zu verkaufen. Mir ist schon wieder übel, wenn ich daran denke. Wer diesen speziellen Herren nicht kannte, wunderte sich vielleicht, warum sein Opener war: „Hast Du heute Fleisch gegessen?" – mir wären viele genauso seltsame Repliken eingefallen, aber ich war nie sein Typ (...noch heute bin ich ja eigentlich keine Frau. Sondern ein Frollein...) und kam so gar nicht dazu, mich näher damit zu beschäftigen. Aber ich würge gerade fast. Na, schönen Dank auch, alles für die Kunst!

Eine Ansammlung von vielen, vielen charmant-durchgeknallten, liebevoll-verrückten Kolleginnen und Kollegen traf ich bei einem Job, den man sich eigentlich nicht ausdenken kann: Ich wurde als professionelle Bespaßungsdame engagiert für eine Party von Deutschlands bekanntester Dragqueen. Für sie zu arbeiten ist Ehre und Bürde zugleich, denn auf der Weihnachtsfeier von Olivia Jones waren sie natürlich alle: Barbie, Lee, Fabian, der andere Fabian, Gabi die Pfote und Timmy der Hund. Er hatte jedenfalls so eine Maske auf… Also wirklich alle. Sie müssen sich das so vorstellen: Man tritt als Künstlerin quasi vor einer dreischulklassenstarken Mannschaft auf, die das, was man da aufführt, irgendwie auch beruflich macht. Kurz: Es gibt einfachere Termine im Jahr. Aber es war toll. Vorher hatte ich mir sehr lange überlegt, welche Teile meiner Programme für die Feier passen würden, am Ende entschied ich mich für einige Lieder und den provokantesten Weg: Ich wollte einfach alle Geheimnisse auspacken, die ich über Olivia kannte. Wir waren ja als junge Leute fast Nachbarinnen, nur getrennt von einem Tiergehege mit dem klingenden Namen „Saupark"– Olivia lebte in Springe und ich in Wülfingen. Niedersachsen. Mehr muss ich nicht sagen. Gerüchten zufolge benannte man direkt nach unserem Wegzug den Wildpark übrigens um in „Wisentgehege" – machen Sie bitte selbst was draus…

Also, die Weihnachtsfeier fand natürlich Anfang der Woche statt, an einem Tag, an dem die Olivia Jones Familie normalerweise in einem Sauerstoffzelt schläft, weil eigentlich Ruhetag ist in der Bar, bei den Wilden Jungs und mit den Kieztouren. Hervorragende Stimmung, viele Getränke, tolle Musik und Elke Winter… Nach 2 Minuten hatte ich sie, „Oliviagate" kam sehr gut an, es war ein Hüttenabriss! Später wurde dann sogar über die einfachsten Gags gelacht, zum Beispiel, als ich darauf hinwies, dass, wenn nach meiner Abreise noch ein schreckliches Unglück auf der Feier geschehe, ich nun wirklich nicht auch noch Kieztouren durchführen könnte. Barbie und Lee, die beiden aparten Dragzwillinge mit Spezialhumor riefen am Ende immer wieder „Zugabe, Zugabe!" und „Wir brauchen doch neue Witze!" – herrlich! Gerne wieder.

Mein Sextape

Timmendorfer Strand ist einmal im Jahr der große Promi-Hotspot des Nordens, wenn nämlich mal wieder „Talk am Meer" stattfindet, immer zugunsten von Unicef, es ist dort richtig toll. Ich war mehrfach eingeladen und treffe da auch wirklich immer sehr viel Prominenz, hatte viel Kontakt mit hochkarätigen Leuten, die man sonst nur aus dem Fernsehen kennt – und mich jedes Mal blendend amüsiert, zum Beispiel mit Wolfgang Bosbach, Gottlieb Wendehals oder Mirja Dumont. Auch die Darstellerinnen und Darsteller der Karl-May-Festspiele Bad Segeberg sind regelmäßig dort, das ist immer ziemlich lustig. Wo sonst kann man Nadine Wepper, die mal die weibliche Hauptrolle spielte, begrüßen mit: „Hallo, ich war früher die Stute von Old Shatterhand!"?

Wie auch immer, es wird dort seit Jahren immer wieder ein neues Bild von Udo Lindenberg versteigert. Zu Beginn der Veranstaltungsreihe ging so ein Bild für einige Hunderter weg, so dass ich irgendwann entschloss, mir auch eins zu ersteigern. Leider wurde ich bei nächster Gelegenheit von Mirja Dumont überboten, die fast 2000 Euro für den guten Zweck spendete. Na gut, auf die kann man ja nicht böse sein!

Nach der Corona-Pandemie war ich wild entschlossen! Ich mache mit! Ich biete mit! Ich werde gewinnen. Aber da hatte ich die Rechnung ohne einen lustigen Mann aus Süddeutschland gemacht, der fast 20.000 Euro hinlegte. Wow! Ich bin jetzt also doch wieder böse auf Mirja!

In Timmendorfer Strand habe ich 2023 auch den Sänger Ben Zucker getroffen, alle waren ganz ehrfürchtig, weil er ja mit Bodyguard, Fahrer und Kumpel anreiste, also so richtig mit Entourage. Was soll ich sagen, wir haben uns köstlich verstanden und daher haben fast verschwitzt, uns an den richtigen Tisch zu setzen und so weiter. Wir hatten tolle Gespräche mit viel Witz und Anekdoten. Am Ende haben wir noch ein sehr lustiges Video aufgenommen, in dem ich mich beschwere über diesen jungen Mann, der mich angesprochen habe und unnnnbedingt ein Video wolle. Wahrscheinlich können Sie, liebe Leserin, und Sie, lieber Leser, dieses Video noch in meinem Instagram-Archiv finden, es war ein voller Erfolg Zehntausenden Views in den ersten Tagen, damals im November 2023.

Zurück zum Stück. Dann war ich im Showablauf auch irgendwann dran, direkt nach Ben Zucker, der kräftig abgeräumt hatte. Ich habe natürlich allen erzählt von unserer neuen Freundschaft, außerdem bot ich allen das sehr private Video von Ben und mir an, in dem man auch die Zuckerstange sehen könne. Ist doch voll erotisch, finde ich noch heute! Aber: Niemand hat geboten, das war ihnen dann wohl doch zu heiß!

Ach ja! Sollte jemand von den Karl-May-Festspielen dieses Buch lesen: Ich wäre eine SEHR GUTE Bardame – ich sag`s ja nur…

Ach ja 2: Mirja! Ruf mich bitte zurück!

Zwei dick im Geschäft

Manchmal sind kurze Begegnungen „von vor langer Zeit" irgendwann doch noch mal richtig wichtig oder richtig schön oder richtig überraschend. Oder alles davon. In den Neunzigern gastierte ich im Europahaus in Essen mit der Truppe Chapeau Claque, wir spielten immer von Mittwoch bis Sonntag, hatten also montags und dienstags frei. Zum ersten Mal in meinem Leben habe ich einen ganzen Monat in einem Hotel gelebt, ich hatte damals wegen des langen Nichtzuhauseseins auch mein erstes Mobiltelefon. Oh, das bedeutet ja: Ich habe beim Erscheinen dieses Buches mein 30. Handyjubiläum. Wie aufregend!

Zurück zum Stück! Wir waren 2 Frauen und 4 Männer in der Truppe und hatten immer sehr, sehr viel Spaß. Ralf, der Chef von Femme fatale, hat immer für uns gekocht und ist mit uns um die Häuser gezogen – damals war ich jung und konnte arbeiten, tanzen, trinken und feiern gleichzeitig. Heute lasse ich in der Regel 3 davon weg...

Eines Abends also beim Karaoke in der örtlichen Szene-Kneipe, das war glaube ich immer montags, da sah ich es, das große blonde Propperchen mit der unfasslichen Stimme. DAS war Wanda Kay, meine mittlerweile langjährige Freundin und Bühnenpartnerin. Hui, konnte die aber singen! Mein lieber Herr Gesangsverein!

Überall, wo sie auftauchte im Nachtleben - wie in der besagten Karaoke-Kneipe Karussell - hatte sie eine unglaubliche Präsenz und immer und sofort Fans – man vergötterte den süßen Buddha schlicht im Moment des ersten Liedes.

Wir haben uns hervorragend verstanden und verlebten diverse schöne Partynächte Seite an Seite. Irgendwann jedoch haben wir uns dann schlicht aus den Augen verloren und erst 2016 wiedergetroffen. Und zwar an Bord eines AIDA-Schiffs, wir waren beide engagiert. Es fühlte sich an, als hätten wir nie keinen Kontakt gehabt, daran merkt man: Es passt einfach mit uns beiden.

Wanda sagte, sie habe Lust, mit einer Travestienummer gemeinsam ein Abendprogramm zu gestalten. Ich war sofort interessiert und als dann aus Gründen höherer Gewalt andere Shows ausfielen, hatten wir die erste Chance, uns als Duo zu beweisen. Der Haken war: Wir hatten für Entwicklung, Soundcheck, Makeup und Regieentscheidungen nur etwas weniger als 3 Stunden Zeit. Wir haben es natürlich geschafft und präsentierten zunächst 40 Minuten unsere erste gemeinsame Produktion, die allerdings nicht enden wollte, weil uns im Finale immer noch weitere Gags einfielen. Wanda und ich haben uns fast eingenässt vor Lachen und das Publikum ist ausgerastet. Ja, was soll ich sagen, der Rest ist Geschichte und wir sind seitdem unzertrennlich und „Zwei dick im Geschäft" (ich nur finanziell).

Aber keine Sorge! Wir haben es wirklich so aufgeteilt, dass auch ich ordentlich mein Fett wegkriege, singen viele deutsche Lieder, Coversongs und natürlich eigene Musik und genießen die Duoshows sehr.

Die erste „richtige" Show mit angemessenem Vorlauf fand übrigens im Januar 2020 auf der AIDAmira vor der Küste Südafrikas statt, ein neues Schiff der Flotte, es war toll! Die Show dauerte circa 90 Minuten, wir hatten sexy Outfits schneidern lassen, die zueinander passten, und wurden gefeiert wie Popstars. Seitdem zählen zu unseren Erfolgen viele ausverkaufte Gastspiele, diverse Zusatzkonzerte, viele wunderbare Erlebnisse auf, hinter und neben der Bühne, die wir zum Beispiel während der Pandemie auch sehr gut gebrauchen konnten. Und, das gehört natürlich auch zur Wahrheit: Wanda selbst ist ebenfalls auch sehr, sehr dankbar, weil ich sie, wenn auch erst zwei Jahrzehnte später, von der

Karaokeparty zu internationalem Niveau geführt habe. Man tut ja, was man kann.

Kleingedrucktes

Weltstars haben in ihren Verträgen oft absurde Listen, was der Veranstalter alles besorgen muss (bestimmte Honigsorten, frische Mango, die aber nicht geflogen sein darf, 4 Sorten Champagner, 3 Sorten Eiswürfel, Tagetes mit möglichst wenig Grünanteil und vieles mehr). Während die echten Diven das glaube ich sehr ernst meinen, gilt in meiner Welt: Viele meiner Kolleginnen schreiben als kleine Kontrolle nur eine Winzigkeit in ihre Verträge, die ihnen zeigt, ob das Papier gelesen wurde. Da steht dann zum Beispiel als Einkaufsliste mal „Wrigley's – die Gelben", „Dr.-Hauschka-Handcreme, 15 ml, rot-weiße Tube", „englische Weingummis", „Beinscheibe für meinen Hund" oder „4x Tigerbalm XL". Francesca aus Wuppertal hat sogar 3 Sorten Kondome auf Ihrer Liste stehen: XXL, mit Noppen und XXL mit Noppen. Dieses Luder!

Bei mir ist als Sonderwunsch lediglich notiert: „Die Künstlerin freut sich, wenn sie vor der Show ein kleines Glas Prosecco auf Eis trinken darf."

An einem ziemlich niedlichen Auftrittsort lief die Veranstalterin vom Soundcheck bis direkt vor dem Opening immer in meiner Nähe herum mit einer Flasche Prosecco in der Hand – und fragte mich circa vierzehnfach, ob ich denn *jetzt* bereit wäre für das Getränk. Wie goldig!

Natürlich gibt es ganz andere Auftrittssituationen, ich habe da schon alles erlebt, manchmal hat meine Garderobe 5 Duschen, keinen Spiegel, ein aktives Wespennest oder eine Distanz zur Bühne von 600 Metern. Es ist alles möglich, ich mache meistens auch alles mit. Nur ein Prosecco wäre eben nett.

Serviceteil

Geburtstagskalender
bedeutender Kolleginnen

Januar

3. Jojo Samename

7. Marcel Bijou

10. Titti Lippenstift

12. Polly Plotter

14. Bolly Bomber

21. Fixie Hartmann

22. Annette Halbestunde &
Jenny Talia

23. Sandrine Pissoir

30. Jhonnyboy

Februar

2. Bonnie Bonprix

5. Eja Kulare

6. Musi Kerrin

16. Jenny und Sunny Fair

19. Wanda Kay

22. Conzi Healer

23. Vera Bredung

24. Claire Grubée

25. Francesca Fimosa

28. Bizzi Nessbitch

29. Hinta Lada

März

1. März Gloria Glamour

3. Packma Reindieschlange

6. Rose Ettenkrampf

7. Marshi Mellow

20. Fleur du Hell

21. Cockahontas

30. Olaf La Ola und Loulou
Lochfraß

April

6. Duffy Dicktape

11. Fabi Snachparis

12. Mia Egal

19. Andy Arbait

26. Katharina Puff

27. Rita Rechtsgewischt

30. Venus Hyggelig

Mai

3. Yvonne Parker

5. Vroni Böseimmer

10. Claudette Surprise

11. Minnie Geheimnis

12. Cazal

13. Pirelli Kalenda

16. Margarete Steif

17. Cilit Bäng

18. Frl. Luise

19. Barbie Stupid

24. Kim Bärly

25. Fanny Davis

31. Margot Schlönzke
(Beziehungsgeburtstag)

Juni

4. Legsy Spread

5. Klosterfrau Melissengeil

16. Kriepy Ankel

19. Tsui Engi

20. Thai Ming Too Late

21. Kandelle Inthewind

24. Daisy Ray

27. Renata Ravel

30. Eve Roh-Scheer

Juli

5. Juli Paul A. Jackson

6. Joy Peters

8. Eny Menemeck

19. The Only Naomy

30. Adia Rocher

31. Polette Mientertainju

August

7. Vicky Brown

8. Schmidt Theater

17. France Delon

18. Kollmi Mäibi

19. Anne Marmel

24. Celeb Britti

29. Lana Willes

September

3. Criselda Crescini

8. Stefanie Colbert

22. Lilo Wanders

23. Alpha Isadonna

26. Ades Zabel

Oktober

1. Steffi Waygay & Gerda Spritz

8. Leslie London

12. Fanny Funtastic

15. Miss Chantal

25. Juan Sohn & Nihal Hermine

28. Tessa Loniggi

29. Sensybill Touchmenow

30. Iris Gleichen

31. Claire Stdudasbidde

November

3. Tante Lilli

17. Lee Jackson

21. Olivia Jones

26. Hella Kopf

28. Aida Machplatzda

Dezember

1. Pooly Nudelle

4. Otti Fanti

5. Cham Pain

8. Leslie Anderson

24. Jesus Christ Superstar

21. Sarah Barelly

Poesiealbum: Danke!

„Elke ist für mich wie Sex, da fass' ich mein Glied lieber selbst an." – Frl. Luise

„Ich liebe witzige Travestie, Elke Winter mag ich trotzdem!" – Barbie Stupid

„Elke Winter ist wie Butter: Man braucht sie nicht unbedingt, aber es schmeckt einfach!" – Kim Bärly

„Wie schon der Spiegel schrieb: Im Schmidt tritt nun Lilo Wanders unter dem Namen Elke Winter auf!" – Lilo Wanders

„Mit Elke kann man schnell ein paar Kilo Humor zunehmen!" – Criselda Crescini

„Elke Winter ist mein Vorbild, es darf aber keiner wissen!" – Olivia Jones

„Elke Winter? Wer ist das?!" - Marcel Bijou

„Elke ist mein Vorbild in Authentizität, Spontaneität und Professionalität" – Sarah Barelly

France Delon hat sich bis Redaktionsschluss nicht gemeldet. Wir sind nicht sicher, ob sie noch lebt. Tschüüüüüß!

Wichtige Seiten
im Weltnetz

Schmidtflyx-Eurovison:

Elke-Homepage:

Schmidt-Homepage:

Regionale Größen

Familia Pinneberg:

Mein Autor:

Notizen

Tschüüüüüüüß!